HINO DE LOUVOR
ALEGRIA NA ADVERSIDADE

Editora Appris Ltda.
1.ª Edição - Copyright© 2023 do autor
Direitos de Edição Reservados à Editora Appris Ltda.

Nenhuma parte desta obra poderá ser utilizada indevidamente, sem estar de acordo com a Lei nº 9.610/98. Se incorreções forem encontradas, serão de exclusiva responsabilidade de seus organizadores. Foi realizado o Depósito Legal na Fundação Biblioteca Nacional, de acordo com as Leis nos 10.994, de 14/12/2004, e 12.192, de 14/01/2010.

Catalogação na Fonte
Elaborado por: Josefina A. S. Guedes
Bibliotecária CRB 9/870

D166h
2023
	Damázio, Dayvid
	   Hino de louvor: alegria na adversidade / Dayvid Damázio.
	   1. ed. – Curitiba : Appris, 2023.
	   72 p. ; 21 cm.
	
	   Inclui referências.
	   ISBN 978-65-250-5042-3
	
	   1. Literatura devocional. 2. Alegria. 3. Paz. 4. Fé. I. Título.
	
	                                                                 CDD – 242

Editora e Livraria Appris Ltda.
Av. Manoel Ribas, 2265 – Mercês
Curitiba/PR – CEP: 80810-002
Tel. (41) 3156 - 4731
www.editoraappris.com.br

Printed in Brazil
Impresso no Brasil

Dayvid Damázio

HINO DE LOUVOR
ALEGRIA NA ADVERSIDADE

FICHA TÉCNICA

EDITORIAL	Augusto Vidal de Andrade Coelho
	Sara C. de Andrade Coelho
COMITÊ EDITORIAL	Marli Caetano
	Andréa Barbosa Gouveia (UFPR)
	Jacques de Lima Ferreira (UP)
	Marilda Aparecida Behrens (PUCPR)
	Ana El Achkar (UNIVERSO/RJ)
	Conrado Moreira Mendes (PUC-MG)
	Eliete Correia dos Santos (UEPB)
	Fabiano Santos (UERJ/IESP)
	Francinete Fernandes de Sousa (UEPB)
	Francisco Carlos Duarte (PUCPR)
	Francisco de Assis (Fiam-Faam, SP, Brasil)
	Juliana Reichert Assunção Tonelli (UEL)
	Maria Aparecida Barbosa (USP)
	Maria Helena Zamora (PUC-Rio)
	Maria Margarida de Andrade (Umack)
	Roque Ismael da Costa Güllich (UFFS)
	Toni Reis (UFPR)
	Valdomiro de Oliveira (UFPR)
	Valério Brusamolin (IFPR)
SUPERVISOR DA PRODUÇÃO	Renata Cristina Lopes Miccelli
REVISÃO	Andrea Bassoto Gatto
DIAGRAMAÇÃO	Renata Cristina Lopes Miccelli
CAPA	Eneo Lage

PREFÁCIO

Com certeza, esta obra prestará um grande serviço à Igreja do Senhor Jesus Cristo como uma ferramenta de direcionamento e louvor.

Nós fomos criados para louvar ao Senhor e nossa compreensão de unirmos a palavra e a música na proclamação da palavra é extremamente importante. Don Hustad já orientava a "sermos sensíveis ao nível máximo, mas isso deve ser levado à cruz de Cristo em primeiro lugar, pois é através dela que tudo se acomoda à necessidade do povo". É isso! Tudo deve passar pela cruz de Jesus.

O cristão, ao receber o espírito de filiação, participa da autêntica dignidade do homem, supera a rebeldia e une-se ao coro do louvor a Deus. Observamos que a poesia, tanto no Velho Testamento quanto no Novo Testamento estão explícitas, pois comunicam com maior eficácia a vontade de Deus. O autor baseia-se na carta das coisas excelentes e da alegria para o seu direcionamento, tendo o amor, a alegria, o zelo pelas coisas excelentes e a confiança saltando aos olhos o tempo todo.

Ele inicia pontuando a necessidade de partilharmos a alegria na coletividade e, nesse processo, a amabilidade também é vislumbrada direcionando-nos ao conceito de cordialidade, ilustrando e exemplificando que um acorde é uma concordância de sons (notas musicais), é quando notas diferentes entram em acordo para produzir uma sonoridade agradável ao ouvido.

Lembro-me de 2 Crônicas 5.1-14 na consagração do templo construído por Salomão. Uma multidão adorando, sacrificando e cantando, em especial o versículo 13, que pontua o cantar e o tocar de maneira uniforme, envolvidos na manifestação da glória de Deus que veio sobre a casa de Deus. Unidade é essencial para a vida, para o desenvolvimento da vida.

O terceiro dia de estudos trará a compreensão de que o Senhor está perto do seu povo, daquele que O adora. E a promessa de Jesus aos seus discípulos de que estaria sempre conosco impulsionará a coragem e a confiança em Deus, dando consciência de Sua presença e o propósito estabelecido em nossa vida. Qual o nosso propósito? Por que fazemos o que fazemos? Precisamos, primeiramente, vencer a alienação. Segundo Hegel, filósofo alemão, "o alienado é aquele que não pertence a si mesmo, e aquele que perde o propósito é alguém que não sabe por que, e o que está fazendo". Quando perdemos o propósito, sujeitamo-nos ao que não faz parte do chamado nem da vocação de sermos adoradores.

Soren Kierkegaard, filósofo dinamarquês, em sua parábola do palhaço apresenta um circo que ardia em chamas, e o palhaço corria em direção ao público gritando: "Fogo! Fogo!". E o público continuava entrando e sorrindo, pensando ser uma apresentação. De acordo com esse filósofo, "só conseguiremos hilaridade diante do nosso discurso se estivermos vestidos com fantasias de palhaço".

Em suas orientações, o autor mostra que tudo deve direcionar-se à oração e à súplica, um apontamento importante. Diante de tantas mazelas inóspitas que cercam o coração do adorador, confiar em Deus é a solução apresentada pelo apóstolo Paulo (Fp 4.6). Isso deve fazer parte da vida e "orar, portanto, é mais do que apenas uma prática natural da vida cristã, é uma necessidade para todo aquele que deseja conhecer mais de Deus e que almeja aproximar-se dEle".

Outrossim, você encontrará um destaque importante, a gratidão, compreenderá o seu impacto na vida do autor e será direcionado à importância da paz que está ligada à confiança que o servo precisa ter no Senhor, e não obstante as demandas da vida, e ao fato de que todos os dias é preciso colocar seu coração sob os cuidados de Deus.

Portanto, esta série de devocionais, *Hino de louvor – Alegria na adversidade*, esclarecer-nos-á que a obra que deve ser feita é resultado do novo nascimento e de uma profunda adoração a Deus, em que Cristo assume o controle da nossa vida e passamos a adorá-lo em espírito e em verdade, pois quem não vive assim, possivelmente imagina que pode remendar o véu do templo que se rasgou, produzindo uma adoração artificial.

Tenho certeza de que você será muito abençoado por esta obra e que terá uma ferramenta extraordinária em suas mãos.

Luciano Cozendey dos Santos
Pastor da Primeira Igreja Batista em Rio Bonito

APRESENTAÇÃO

Hino de louvor é o primeiro volume de uma série de devocionais de curta duração, com um cronograma de sete dias de estudo bíblico, oração e louvor. Esta é uma série devocional interativa, com imagens, áudios, vídeos e músicas que expressam um pouco da minha paixão pelas linguagens artísticas e pelo áudio visual.

Este livro apresenta um estudo simples e objetivo à luz das Escrituras, mais especificamente baseando-se em Filipenses 4.4-7, que apresenta lições práticas que podemos aplicar em nossa caminhada diária ao enfrentar as adversidades cotidianas de nosso tempo.

Por falar em tempo, enquanto escrevia esta devocional, o mundo ainda não havia superado a pandemia de Covid-19, que surgiu no final de 2019 numa província da China e ceifou milhares de vidas, destroçou famílias e negócios, e também nos fez refletir sobre o que, de fato, é importante em nossa vida.

A pandemia perdurou por quase todo ano de 2020 e 2021, impactando drasticamente a economia do mundo e mudando radicalmente o nosso estilo de vida e a nossa rotina. Nesse momento, quando ainda há grande incerteza e muitas divergências sobre o tema, é fato que famílias foram irremediavelmente impactadas, pessoas perderam sua única fonte de renda, muitos ficaram sozinhos em casa e grande parte da população sofreu muito com o impacto da quarentena, de restrições ou de algum tipo de isolamento.

Não tenho a pretensão de esgotar as possibilidades temáticas de um cenário tão complicado nem explorar a dor e o sofrimento das pessoas. Ao contrário, prefiro fazer deste livro um instrumento de solidariedade e apoio a todas as pessoas que, assim como eu e minha família, sofreram e ainda sofrem pela crise mundial que mudou para sempre o comportamento da sociedade.

Durante o isolamento social, fomos forçados a permanecer em casa e passar mais tempo em família. Há muito que se falar sobre isso! Porém, deixo para outra oportunidade falar especificamente sobre relacionamentos. Por ora, apenas reconheço que estar em casa com minha esposa e minha filha por tantos dias, ainda que numa situação tão difícil e de maneira forçada, trouxe muitas revelações, algumas agradáveis e outras nem tanto, mas que me permitiram – e assim creio que semelhantemente a muitos ao redor do mundo –, conhecer mais ainda as pessoas especiais com que Deus presenteou-me para viver ao meu lado nesta trajetória de tantos desafios que é o ministério e a quem com carinho dedico esta obra.

Para Carol e Maria Clara, com amor.

É uma alegria compartilhar minha vida com vocês.

SUMÁRIO

INTRODUÇÃO 13

DIA 1
ALEGREM-SE! NOVAMENTE DIREI: ALEGREM-SE! 17

DIA 2
MODERAÇÃO EXPLÍCITA 25

DIA 3
O SENHOR ESTÁ PERTO 33

DIA 4
ORAÇÃO E SÚPLICAS 41

DIA 5
A ESCOLHA DA GRATIDÃO 49

DIA 6
EXPERIMENTANDO A PAZ DE DEUS 55

DIA 7
O SELO SOBRE O CORAÇÃO 61

CONCLUSÃO 69

REFERÊNCIAS 71

INTRODUÇÃO

A carta aos Filipenses, quase que indiscutivelmente atribuída ao apóstolo Paulo, chama-me atenção pela maneira popular e pela alegria – aliás, termo proeminente nessa carta, que é considerada uma das mais pessoais do apóstolo e por alguns estudiosos denominada a carta da alegria.

Em cada capítulo é perceptível o carinho com que o autor, que se encontrava preso enquanto escrevia, descreve seu amor aos irmãos da Igreja em Filipos – igreja fruto do seu trabalho na ocasião da sua segunda viagem missionária.

Fica nítido em suas palavras o contentamento pela Igreja que abriu as portas para o evangelho no Continente Europeu. Paulo fala de uma saudade, uma lembrança carinhosa logo no primeiro versículo da carta, provavelmente em razão de estar ele também, no momento em que escrevia, em uma situação parecida como a que vivemos recentemente por ocasião da pandemia: de isolamento.

O impedimento de estarmos junto aos amigos e irmãos que amamos, guardadas as devidas proporções, levando em conta a tecnologia que temos hoje e as possibilidades de comunicação que certamente eram bem mais limitadas no primeiro século da era cristã, com certeza trazem um fator muito relevante para entender o conteúdo da carta.

Em cada palavra há um desejo genuíno e uma grande expectativa de estar junto aos seus amigos. Isso mesmo! A carta em questão não se dirige apenas a irmãos e discípulos em geral, ela é dirigida a amigos! Ele fala com um amor muito peculiar aos cristãos da Igreja em Filipos e com alegres recordações; por exemplo, de como Deus poderosamente operou na vida de Lídia e sua família, abrindo as portas de sua casa para que a semente do evangelho fosse plantada.

Como amigos do coração, a quem ama, de quem tem saudade e lembra-se com alegria, mesmo estando preso e vivendo mais um momento muito difícil em sua vida, o autor convida-nos a louvar a Deus e a expressar a nossa alegria por servi-Lo e viver o Seu reino de amor e paz indizíveis.

Eis aqui a porção na qual pretendo mergulhar com você nesta pequena jornada devocional:

> *"Portanto, meus amados e mui queridos irmãos, minha alegria e coroa, estai assim firmes no Senhor, amados. Rogo a Evódia, e rogo a Síntique, que sintam o mesmo no Senhor. E peço-te também a ti, meu verdadeiro companheiro, que ajudes essas mulheres que trabalharam comigo no evangelho, e com Clemente, e com os meus outros cooperadores, cujos nomes estão no livro da vida. Regozijai-vos sempre no Senhor; outra vez digo, regozijai-vos. Seja a vossa equidade notória a todos os homens. Perto está o Senhor. Não estejais inquietos por coisa alguma; antes as vossas petições sejam em tudo conhecidas diante de Deus pela oração e súplica, com ação de graças. E a paz de Deus, que excede todo o entendimento, guardará os vossos corações e os vossos pensamentos em Cristo Jesus".*

(Filipenses 4.1-7 ARA)

Antes de iniciar esta série de estudos, eu convido você, caro leitor, a relembrar algum fato na sua vida no qual Deus operou de forma milagrosa, e em seguida agradecer. Permita que a alegria dessa lembrança encha toda a sua casa e separe esse momento como início de uma jornada de gratidão e louvor.

Por diversas vezes, nesses momentos, lembramo-nos dos amigos mais chegados, das pessoas com quem dividimos nossas conquistas e também frustrações. Se você não consegue listar ao menos uma dúzia deles, é hora de trabalhar nisso! Agradeça também pela sua família e pelos amigos que ajudaram a construir a sua caminhada. Louve a Deus e seja agradecido!

Essa é a melhor maneira de começarmos esta caminhada. Assim, ao completarmos essa semana, espero ter contribuído para que haja em seus lábios mais do que melodias bonitas ou expressões belas, mas um louvor sincero, fruto de um coração agradecido que se alegra em Deus em qualquer circunstância.

Dia 1

ALEGREM-SE! NOVAMENTE DIREI: ALEGREM-SE!

> *Alegrem-se sempre no Senhor.*
> *Novamente direi: Alegrem-se!*
>
> (Fp 4.4 NVI)

Eu acredito que a alegria é um dos frutos do Espírito mais incríveis, pois a alegria de uma pessoa muda o ambiente e faz com que as coisas ganhem novo sentido. Essa alegria é uma "nota" chave na carta aos Filipenses, tendo em vista que essa palavra aparece 14 vezes, dando um colorido muito interessante ao texto e abrindo esse "leque" de possibilidades e de aplicações práticas.

Eu digo "nota", aqui, fazendo referência ao que chamamos na música de "note blue" na escala pentatônica. Essa é uma escala bem conhecida no meio musical e muito utilizada no rock e no blues. Porém, quando tocamos a "note blue", ela traz um tempero especial e faz toda a diferença na linha melódica.

Percebemos que "Alegrem-se" – vejam, o verbo está no imperativo –, expressa um tom de ordenança e não apenas um pedido simplório. Vemos, ainda, que é conjugado na terceira pessoa do plural, o que seria lógico pelo ponto de vista de que a carta é endereçada a uma comunidade de discípulos e não a uma pessoa somente. Porém eu me pergunto por que Paulo não poderia simplesmente dizer:

– Que cada um tenha alegria na sua vida! Ou ainda...

– Que todos vocês se alegrem cada um na sua casa!

Este é o primeiro ponto: a alegria aqui é partilhada em comunidade, não é apenas se alegrar de maneira individual como quando você recebe um presente de alguém, e, sim, alegrar-se na coletividade. Isso nos leva a crer que a alegria aqui descrita é algo que tem abrangência em todos os aspectos da vida e também da morte. É muito complicado, na cultura ocidental, esse conceito de alegrar-se na dor.

> *"Alegro-me quando sofro por vocês*
>
> *em meu corpo, pois participo dos*
>
> *sofrimentos de Cristo [...]".*
>
> (Cl 1.24 NVT)

Paulo e Silas sofreram grande dor e humilhação em Filipos (At 16.16-34), mas ao louvarem, ali mesmo, no cárcere, houve grande manifestação do poder de Deus, transformando completamente a atmosfera daquele lugar; e houve, também, salvação em meio à dor e ao sofrimento. Isso nos leva ao segundo ponto, em que devo sugerir que a alegria é atemporal; vou explicar: o apóstolo Paulo usa expressões bem similares em outras cartas, como "regozijai-vos" e "alegrai-vos":

> *"Regozijai-vos sempre!".*
>
> (1Ts 5.16)

Para mim, o sentido de "sempre" expressa a ideia de que a alegria que vem do Senhor não termina em virtude de acontecimentos cotidianos. É possível estar triste pela perda de alguém e, ao mesmo tempo, alegrar-se em Deus.

> *"A alegria é o grande segredo de Deus. Quando nos submetemos a Ele totalmente e abrimos nossos corações à Sua presença, encontramos uma alegria que transcende todas as circunstâncias".*
>
> (C. S. Lewis)

É algo completamente inexplicável no aspecto humano ou pela razão. Por isso a vida cristã e a alegria de que falamos aqui só pode ser experimentada pela fé em Cristo. Isso vem delinear não só em vista da *teologia paulina da esperança que se firma na fé viva* como âncora e não na materialidade das coisas; apresenta uma alegria que não é firmada no que eu experimento no dia a dia do trabalho, na escola ou até mesmo na igreja e no conforto do meu lar. Ela manifesta-se pela presença de Jesus em minha vida independentemente do que venha a acontecer comigo.

> *"A alegria verdadeira e duradoura é encontrada na presença de Deus"*
>
> (Timothy Keller)

Por fim, se eu oscilar na minha fé – e com certeza eu vou vacilar –, a graça valer-me-á! Então eu posso **novamente** me regozijar no Senhor. Eis, então, o nosso terceiro apontamento.

É desafiador pensar que a tradução de "alegria" – χαιρετε [chairete] (grego) aparece em outros momentos com sentido de despedida: Mt 28.9; 2 Co 13.11. Essa expressão do adeus gera-me grande curiosidade para encontrar um sentido prático de como isso pode trazer alegria. Essa dúvida é desvendada nas seguintes relações:

– O sentido de ser grato pelo que se experimentou na comunhão.

– O prazer pelo momento presente, pelas oportunidades compartilhadas e pela aprendizagem que se desenrola; e, finalmente:

– A esperança de um reencontro, no porvir, em excelsa alegria indestrutível.

Horatio G. Spafford, um advogado americano, após sofrer um grande abalo financeiro e chorar a perda de um de seus filhos, planejou uma viagem para Europa com a família a fim de participar de uma cruzada evangelística. Por motivos de trabalho, ele ficou impedido de ir e enviou a esposa e as quatro filhas no navio, esperando encontrá-las dois dias depois.

Em 22 de novembro de 1873, o navio em que sua família havia embarcado sofre um acidente e naufraga. Spafford recebe, então, um telegrama da esposa com a trágica notícia, e informando-lhe também que somente ela havia sobrevivido.

Ele parte para Inglaterra para encontrar a esposa e nessa viagem ele escreve a letra do hino: "Sou feliz, com Jesus!". Há alegria na despedida, na dor e na adversidade. Se a nossa alegria estiver *no Senhor*, nada poderá destruí-la. Há alegria no encontro, na partida e no reencontro. Há que se conviver e partilhá-la, com muitos, em todo tempo e sem timidez. Em toda e qualquer situação, o Senhor será sempre a nossa verdadeira alegria.

DAYVID DAMÁZIO

Sou feliz, com Jesus!

Letra: Horatio Gates Spafford
Música: Philip Paul Bliss

Se paz, a mais doce, eu puder desfrutar
se dor, a mais forte, sofrer,
ó, seja o que for, tu me fazes saber
que feliz com Jesus sempre sou!
Sou feliz com Jesus!
Sou feliz com Jesus, meu Senhor!
Embora me assalte o cruel Satanás,
e ataque com vis tentações;
ó, certo eu estou, apesar de aflições,
que feliz eu serei com Jesus!
Meu triste pecado, por meu Salvador
foi pago de um modo total.
Valeu-me o Senhor, oh, que amor sem igual!
Sou feliz, graças dou a Jesus.
A vinda eu anseio do meu Salvador.
Ao céu ele vai me levar;
em breve eu irei para sempre morar
com os salvos por Cristo Jesus.
(tradução para o português: William Edwin Entzminger)

Nesse link será reproduzido um vídeo com a apresentação musical do arranjo de acordo com a partitura a seguir.

Dia 2

MODERAÇÃO EXPLÍCITA

Seja a amabilidade de vocês conhecida por todos!

(Fp 4.5a NVI)

Ser amável com as pessoas pode não ser tão fácil quando estamos estressados ou sob pressão. Afinal, como diz o ditado popular: "Ninguém é de ferro!". Mas o sentido dessa colocação aqui pode ser explorado em muitas direções distintas além da simples questão de cordialidade. O conceito mistura um pouco mais de moderação e até altruísmo.

Um pouco antes, especificamente no versículo dois (2), Paulo faz uma súplica para que duas mulheres influentes na igreja de Filipos – Evódia e Síntique – descritas também como suas cooperadoras, vivam em harmonia. Não faz sentido esse pedido sem aceitarmos que provavelmente havia alguma desavença entre essas duas personagens importantes na igreja. Por isso, não apenas um pedido, mas um apelo para que houvesse concordância entre elas.

Para mim, concordância, moderação e harmonia estão discretamente entrelaçadas em seus significados nas linguagens literária e musical. No campo musical, por exemplo, podemos dizer, grosso modo, que um acorde é uma concordância de sons (notas musicais). É quando notas diferentes entram em acordo para produzir uma sonoridade agradável ao ouvido.

Seguindo falando de música, é por meio da combinação de vários acordes que construímos o que chamamos de harmonia, e é exatamente nos tratados de harmonia que aprendemos a ter moderação ao utilizar esse universo de sons e combinações.

E como isso se aplica ao que estou tentando dizer? Não faz sentido fazer música sem pensar em ser agradável para os ouvintes. Existem convenções que nos dão a direção do que é agradável e quais combinações de acordes e notas devemos explorar ou evitar. Ao observá-los, caminhamos na direção do que, na arte, chamamos de belo.

Creio que da mesma forma há um conceito de vida que nos é apresentado aqui. É muito importante que nossa vida seja uma melodia cantável e que soe bem, em harmonia com o corpo de Cristo, de forma que assim, por sua beleza, seja conhecida por todos. Isso tem muito a ver com testemunho.

Paulo fala-nos de uma leitura que todos ao nosso redor fazem de nós e que muitas vezes não percebemos, e isso prejudica o avanço do Reino de Deus. O interesse de quem compõe uma melodia ou escreve uma carta é que essa obra de arte seja agradável para todos que vão conhecê-la. Aí vem a nossa grande responsabilidade. Já imaginou que a maior obra, a obra da redenção, realizada por Jesus, está sendo "tocada" ou "cantada" por nós diante dos ouvidos de toda a Terra? O mundo ouve o evangelho por meio dos discípulos de Cristo. É o nosso testemunho, bom ou mau, que faz isso. Mas e se nós estivermos em desacordo? E se nossas "'notas" estiverem em desarmonia? Precisamos refletir se estamos vivendo de acordo com os valores do reino e em harmonia com a Palavra para que, assim, nossa vida possa ressoar trazendo uma sinfonia que alegra os céus e a Terra, pois isso glorifica a Deus.

> *"Vocês mesmos são a nossa carta,*
>
> *escrita em nosso coração,*
>
> *conhecida e lida por todos".*
>
> (2 Co 3.2 NVI)

Eu me pergunto todos os dias como as pessoas que convivem comigo estão lendo o precioso evangelho de Cristo nas "letras" da minha vida. Nada é mais importante do que isso. Por isso, ser moderado e razoável diante das diferenças é primordial.

As desavenças entre as pessoas que convivem são tão normais quanto necessárias, afinal, somos notas diferentes. Um acorde é formado por sons diferentes, mas é exatamente aí que nasce a oportunidade de haver harmonia e por meio dessa beleza que as pessoas, maravilhadas com uma vida de testemunho sincero, piedosa e em concordância com a verdade, podem ser tocadas pelo evangelho.

A súplica do apóstolo pela moderação, aqui traduzida como amabilidade, é, na verdade, uma clara afirmação de que não existe gesto mais generoso do que responder com amor à hostilidade. Portanto, nós, que professamos a Jesus como Senhor, devemos andar na contramão dos excessos e da intolerância.

"A tolerância não é sobre ter crenças. É sobre como as suas crenças te levam a tratar as pessoas que discordam de você".

(Timothy Keller)

A amabilidade, ou a capacidade de ser amável, doce ou cordial, ou, ainda, tolerante e perdoador, é algo fascinante e, sem dúvida, desafiador. Porém alcançável a todos que se permitem ser ensináveis pelo Espírito Santo (Gl 5.22). Não dar vazão ao conflito é permitir que o amor seja proeminente em todas as circunstâncias da sua vida.

"A moderação cristã não se trata apenas de evitar excessos, mas também de encontrar o equilíbrio adequado em todas as áreas da vida. É viver com sabedoria, discernimento e autodisciplina, buscando agradar a Deus em todas as coisas".

(C. S. Lewis)

Corresponder com moderação, buscando a harmonia com as pessoas, tanto no âmbito familiar quanto no profissional, e até ministerial, faz-nos ser conhecidos pela amabilidade e não por fazer valer a nossa razão ou os nossos direitos (2 Co 10.1). Muitas vezes, a ocasião dá-nos o direito de revidar, talvez até com rigidez, mas o evangelho dá-nos o dever da moderação, mesmo diante da mais injusta agressão. Portanto que sejamos a verdadeira carta de amor, escrita por Jesus, por intermédio de nós para toda a humanidade; composta por Deus e cantada agora por cada um que se declara crente em Jesus.

Pense se você deseja ser conhecido como o encrenqueiro ou como o apaziguador; o nervosinho ou o manso; o grosseiro, o áspero, o rude; ou o amável, o doce e o cavalheiro. Ao olhar para Jesus e para os conselhos de Paulo nessa carta, fica óbvio qual devo escolher. Que o nosso testemunho vivo seja conhecido de forma agradável, harmoniosamente, como uma melodia bem cantada na Terra, mas que ecoa no céu e na eternidade.

Um só rebanho

Letra: José Ilídio Freire
Música: Lelia Naylor Morris

Um só rebanho, um só Pastor.
Uma só fé em um só Salvador.
Em teu amor, unidos aqui,
num mesmo Espírito vamos a ti.
Um só rebanho, um só Pastor.
Fruto, ó Senhor, desse teu grande amor.
Só nos gloriamos na tua cruz.
Sê tu louvado, bendito Jesus!
Um só rebanho, um só Pastor.
Ó Cristo, és digno de nosso louvor.
Tu és o ímã que nos atrai,
e só por ti adoramos o Pai.
Um só rebanho, um só Pastor.
Nós esperamos por ti, ó Senhor.
É face a face que vamos ver
quem nos amou e por nós quis morrer.

Nesse link será reproduzido um vídeo com a apresentação musical do arranjo de acordo com a partitura a seguir.

Um Só Rebanho

Letra: José Ilídio Freire
Música: Leyla Naylor Morris
Arr. Dayvid Damázio

Dia 3

O SENHOR ESTÁ PERTO

Perto está o Senhor!

(Fp 4.5b NVI)

Provavelmente, há duas interpretações para essa frase pequena e poderosa que nos leva a refletir, em primeiro lugar, na convicção a respeito da segunda vinda de Jesus, e, em seguida, na confiança de que o Senhor está sempre perto de nós, ajudando-nos, protegendo-nos e guardando-nos de todo o mal.

"E lembrem-se disto: estou sempre com vocês,

até o fim dos tempos".

(Mt 28.20b)

Estas palavras encorajadoras de Jesus para os discípulos vieram no momento exato do seu retorno para o Pai, ou seja, outro momento muito desafiador para aqueles discípulos que, a partir daquele momento, deveriam lembrar-se de tudo que aprenderam e seguir em frente tomando as suas próprias decisões. Eles deveriam encontrar nos ensinamentos de Jesus as respostas de que precisavam e resolver seus conflitos por eles mesmos, agora sem a presença física de Jesus.

É exatamente essa a situação que todo cristão enfrenta no seu dia: o desafio de agir de forma cristã suficientemente natural, até que não seja preciso lamentar-se pelos erros que cometemos. Quando falamos que o Senhor está presente, é claro que se não estamos vendo-O ou tocando-O, estamos falando no sentido espiritual. Mas talvez o sentido desse texto ganhe outra perspectiva ao pensarmos em sua compreensão mais literal, já que a palavra usada aqui – *maran atha* – (transliterado do aramaico) (1 Co 16.22), que quer dizer "Vem, Senhor", denota o anseio dos primeiros cristãos em contemplar a volta de Jesus.

A Igreja primitiva usou essa mesma declaração nos momentos em que se reunia para celebrar a ceia. Ela também aparece em Apocalipse 22.20 com este mesmo anseio: a volta de Jesus. Ao tentar enxergar uma relação entre a aplicação dessa declaração, sabendo que ela era usada na celebração da ceia, eu percebi que tanto em 1 Coríntios 16.22 quanto em Apocalipse 22.20, o contexto é precedido por fortes palavras de exortação e avisos aos fiéis.

O cenário que antecede essa expressão é sempre de levar-nos à reflexão sobre como estamos vivendo e manter-nos focados no fato de que o Senhor pode retornar a qualquer momento e precisamos estar preparados. É um alerta para nós!

Essa ideia repete-se como pano de fundo do versículo anterior, como já citei, em que Paulo pede moderação e roga pela amabilidade entre os irmãos. Paulo estava dando uma advertência, de modo bem cordial, porém era uma advertência séria.

Em um primeiro momento, isso pode não ser tão reconfortante de saber, mas se pensarmos no fato de que ao mesmo tempo que somos levados a refletir sobre nossa postura somos extasiados pela verdade de que somos um em Cristo e temos comunhão com Ele e uns com os outros, ora, então percebemos que "Perto está o Senhor" quer dizer também que o Pai sabe das nossas dificuldades em fazer sempre a escolha certa e também nossa limitação para lidar bem com nossas diferenças.

Ele está perto o suficiente para compreender-nos sobre isso. Ele está tão presente que sabe a intenção do nosso coração e por isso compreende o quanto desejamos não ser tão repetitivos em errar. Por isso Ele nos dá da Sua graça e favor de forma incondicional; basta nos voltarmos para Ele. Vejamos o que o autor de Hebreus comenta:

"Por isso tenhamos confiança e cheguemos perto do trono divino, onde está a graça de Deus. Ali receberemos misericórdia e encontraremos graça sempre que precisarmos de ajuda".

(Hb 4.16 NTLH)

A ajuda está em Deus e por isso precisamos ter a consciência de Sua presença. Onde está Deus? Será que não precisamos vê-lo em um lugar ou assumindo uma forma física? Deus é Espírito. E é pelo Espírito que temos comunhão com Ele. É uma certeza existencial impossível de ser materializada substancialmente. É apenas uma certeza que repousa na fé.

Este é um entendimento que nem sempre temos em relação à ceia: temos comunhão com o Senhor, Ele faz-se presente de uma maneira tão plena e supre-nos de forma tão surpreendente que não precisamos ver para crer. Por onde Jesus passou, ele levou grandes transformações e operou milagres, curas e libertação, e vidas foram completamente restauradas. Quando temos consciência da presença de Deus, tudo na nossa vida ganha sentido, ganha significado, e passa a ter relevância no universo além do nosso pequeno círculo vital.

A razão de dizermos "Vem, Senhor" ou "Perto está o Senhor", não quer dizer no sentido de como se não suportássemos mais esta vida, e, sim, de entendermos o propósito dela. É quando nos é revelado, discernindo o corpo de Cristo, o sentido mais pleno da vida, na comunhão por meio daquele que nos une e que é um em todos. A ceia era compartilhada em família, mas agora não mais uma família de laços de sangue; são laços espirituais, eternos e inquebráveis, por meio da nova aliança.

Eu não tenho o poder de fazer com que outra pessoa seja esse instrumento da manifestação e do estabelecimento da presença de Deus no mundo, na minha vida e nos meus momentos de crise, ou quando eu me sentir desamparado. Contudo eu tenho a oportunidade, todos os dias, de ser a marca viva dessa aliança, sendo mais parecido com Jesus aonde quer que eu vá e em qualquer coisa que eu faça.

Eu posso ser essa ação de Deus nos momentos em que alguém precisa perceber que o Senhor está perto. Eu posso ser esse agente da presença de Deus que vai confortar, cuidar e até exortar, levando alguém a repensar sua trajetória e corresponder com a presença de Deus, tão perto, tão visível e tão tangível, mas por tantas vezes desprezada por nós. Deus é pessoal e está envolvido em nossa vida cotidiana.

Temos que perceber que Ele está presente, sim, por meio de nós, através de nós e em nós. E como estamos reagindo a essa presença de Deus? Uma coisa eu sei: se você percebe a presença de Jesus na sua vida, não haverá nada de comum ou insignificante nela. Quanto mais espaço você der para Deus na sua vida, mais ela ganhará direção e propósito. Você nunca se sentirá perdido ou sem objetivo, você fará a diferença onde quer que você esteja.

Jesus deu-nos o maior exemplo de que é possível agir com moderação e com amor quando somos maltratados ou até mesmo humilhados. Ele entregou-se voluntariamente para sofrer, para ser maltratado e humilhado da pior maneira possível, e, ainda, morrer, cumprindo o propósito de vida mais significativo que já existiu. Encontre o propósito para cada minuto da sua vida servindo a Deus e honrando-O em tudo que fizer em qualquer lugar e tempo.

> "Em todo o tempo sejam alvas as tuas roupas, e nunca falte o óleo sobre a tua cabeça".
>
> (Eclesiastes 9.8)

Mais perto quero estar

Letra: Sarah Flower Adams
Música: Lowell Mason

Mais perto quero estar, meu Deus, de ti,
mesmo que seja a dor que me una a ti!
Sempre hei de suplicar: mais perto quero estar,
mais perto quero estar, meu Deus, de ti!
Andando triste aqui, na solidão,
paz e descanso a mim teus braços dão.
Sempre hei de suplicar: mais perto quero estar,
mais perto quero estar, meu Deus, de ti!
Minha alma cantará a ti, Senhor,
cheia de gratidão por teu amor.
Sempre hei de suplicar: mais perto quero estar,
mais perto quero estar, meu Deus, de ti!
E quando a morte enfim me vier chamar,
com o Senhor, nos céus, irei morar.
Então me alegrarei perto de ti, meu Rei,
perto de ti, meu Rei, meu Deus, de ti! Amém.

(tradução para o português: João Gomes da Rocha)

Nesse link será reproduzido um vídeo com a apresentação musical do arranjo de acordo com a partitura a seguir.

Mais Perto Quero Estar

Letra – Sarah Flower Adams
Música – Lowell Mason
Arr. Dayvid Damázio

Dia 4

ORAÇÃO E SÚPLICAS

*"Não andem ansiosos por coisa alguma,
mas em tudo, pela oração e súplicas,
e com ações de graças, apresentem seus pedidos a Deus".*

(Fp 4.6 NVI)

Ao lado da depressão, o pânico e a ansiedade têm afligido a sociedade de forma sem precedentes e desenham um quadro de descontrole social trágico, seguido de suicídio, doenças e fracassos emocionais e profissionais. As preocupações da vida diante de tantas incertezas e a necessidade de encontrar solução para tudo de forma independente de Deus têm nos levado a pecar. Sim, pecar por não confiar a Deus nossos problemas e não apresentar diante dEle, em oração, nossas lutas e fraquezas.

Como será o amanhã? De certa forma, ter uma preocupação excessiva em responder esse questionamento é incompatível com a confiança que devemos ter em Deus como governante supremo de nossas vidas.

A solução do apóstolo Paulo para lidarmos com as preocupações cotidianas é bem tradicional: a oração. Ele mostra-nos que isso não deve funcionar só em algumas situações, mas em todas. Por isso ele diz: *em tudo!* Nós sabemos que orar é conversar com Deus, porém a oração também nos aproxima de Deus, ao ponto que aprendemos a ouvi-Lo e discernir a Sua voz. Orar, portanto, é mais que apenas uma prática natural da vida cristã, é uma necessidade para todo aquele que deseja conhecer mais de Deus e que almeja aproximar-se dEle.

Em seu livro *Oração: o refúgio da alma*, o teólogo americano Richard Foster dá uma bela ilustração: "A oração é uma forma de nos conectarmos com Deus, de entrarmos em Sua presença e de nos alinharmos com Sua vontade".

É orando que encontramos as respostas que ninguém jamais nos dará. É orando que aprendo a perdoar insultos que eu jamais perdoaria. É orando que aprendo, com a ajuda do Espírito Santo e por meio do seu agir em mim, que é possível amar meus inimigos. É orando que sinto o desejo de servir com minha vida, talentos e dons para que o Reino de Deus cresça. É orando que eu encontro razões para seguir em frente diante dos desafios mais impossíveis de resolver.

Nós poderíamos falar outras centenas de sentimentos, decisões, valores e demandas espirituais que necessitamos aprender, exercitar e amadurecer, mas só conseguiremos com a ajuda de Deus e por meio da oração. A oração não é, no entanto, um dogma nem um sacramento. A oração é o derramar do nosso coração diante do único que pode atender às súplicas mais profundas do nosso ser, mesmo aquelas que ainda não sabemos.

Um dos elementos importantes e que trazem riqueza à nossa vida ao orarmos é desenvolver intimidade com Deus. Segundo Bonhoeffer (Discipulado, 2016 – Mundo Cristão), a oração faz parte do "secreto". É um pedido de um filho diretamente ao coração do Pai. Entender essa dinâmica é extremamente precioso, indispensável e urgente, para aplicarmos na prática.

> "Mas, quando você orar, vá para seu quarto,
>
> feche a porta e ore a seu Pai, que está em secreto.
> Então seu Pai, que vê em secreto, o recompensará".
>
> (Mt 6.6)

O quarto é um lugar de intimidade. No mesmo livro, citado anteriormente, Richard Foster dá-nos outro presente: "Orar é como voltar para casa".

Orar é crescer em intimidade com Deus e aprofundar o vínculo de compromisso com Ele. Se Deus adentra na minha intimidade e eu ainda sobrevivo diante dEle, como Adão em sua nudez no jardim, imediatamente eu reconheço a Sua voz ao chamar-me pelo nome. Mesmo dormindo, como Samuel, no meu lugar de repouso, no secreto, eu saberei que é Deus falando comigo.

O segundo elemento indispensável na oração é a humildade.

> "Mas o publicano ficou a distância.
>
> Ele nem ousava olhar para o céu, mas batendo no peito, dizia: 'Deus, tem misericórdia de mim, que sou pecador'".
>
> (Lc 18.13)

> "Deus rejeita o soberbo e recebe o humilde".
>
> (Pv 3.34)

Ao orarmos é importante entendermos que Deus não é como um funcionário que está à nossa disposição para atender aos nossos caprichos. Eu preciso saber que não sou merecedor de sequer dirigir-Lhe a palavra, e só o faço pela misericórdia que Ele mesmo me concede. "A humildade precede a honra" (Provérbios 15.33).

Isaías 57.15 declara que Deus habita num lugar alto e santo, mas também com o humilde e o contrito de coração. A pior coisa que podemos fazer é pensar que somos justos e bons o suficiente para impressionar ou atrair Deus. É exatamente o oposto. Ou seja, o reconhecimento de nossa falência é que faz com que o Deus excelso honre-nos com Sua presença, pois somos humildes o suficiente para reconhecer que sem Ele não somos nada.

Por fim, orar também requer persistência. No mesmo capítulo de Lucas 18, onde Jesus conta duas parábolas seguidas sobre oração, Ele segue falando de uma mulher que insistiu, suplicando ao juiz por sua causa até ser atendida.

> "Acaso Deus não fará justiça
>
> aos seus escolhidos,
>
> que clamam a ele dia e noite?
>
> Continuará fazendo-os esperar?".
>
> (Lc 18.7)

Não é desejo de Deus deixar Seus filhos esperando em vão e tirar-lhes as esperanças. No entanto muitas vezes não somos persistentes o bastante nem mesmo aguardamos o tempo certo da resposta. Ao orar, temos que estar preparados em relação ao fator tempo, e também para a própria resposta em si, que pode não ser exatamente o que desejamos.

Deus é soberano, supremo e completamente perfeito em seu agir. Ao mesmo tempo, é sensível ao nosso cuidado e às nossas orações e súplicas para atendê-las de acordo com a Sua soberana vontade. Precisamos aprender a orar rasgando o nosso coração, abrindo a nossa intimidade para o Pai. Precisamos orar com humildade e não como filhos pirracentos e mimados que já sabem exatamente o que o Pai deve fazer para agradá-los. E, por fim, precisamos perseverar na oração, entendendo que Deus sempre responde, mesmo quando Ele não diz nada. Ele permite-nos entender a Sua vontade, pois temos intimidade com Ele para percebermos e discernirmos.

Coloque todas as suas preocupações sob os cuidados do Pai. Apresente-as em oração íntima, persistente, e seja grato pela resposta, que virá no tempo adequado de Deus. E seja ela qual for, será sempre o melhor.

Em Jesus amigo temos

Letra: Joseph Scrieven
Música: Charles Crozat Converse

Em Jesus amigo temos, mais chegado que um irmão.
Ele manda que levemos tudo a Deus em oração.
Oh, que paz perdemos sempre! Oh, que dor no coração,
só porque nós não levamos tudo a Deus em oração.
Temos lutas e pesares, enfrentamos tentação,
mas conforto recebemos indo a Cristo em oração.
Haverá um outro amigo de tão grande compaixão?
Aos contritos Jesus Cristo sempre atende em oração.
E se nós desfalecemos, Cristo estende-nos a mão,
pois é sempre a nossa força e refúgio em oração.
Se este mundo nos despreza, Cristo dá consolação;
em seus braços nos acolhe e ouve a nossa petição.

(tradução para o português: Kate Stevens Crowford Taylor)

Nesse link será reproduzido um vídeo com a apresentação musical do arranjo de acordo com a partitura a seguir.

DAYVID DAMÁZIO

Em Jesus Amigo Temos

Letra: Joseph Scriven
Música: Charles Crozart Convers
Arr. Dayvid Damázio

47

Dia 5

A ESCOLHA DA GRATIDÃO

"[...] e com ações de graças [...]".

(Fp 4.6b NVI)

Todas as vezes que eu penso em como viver de forma agradável a Deus, surge diante de mim uma lista infindável de possibilidades e palavras norteadoras. Algo do tipo: perdoar e não odiar; amar a Deus acima de tudo; seguir o exemplo de Cristo para todas as ocasiões, e seguindo adiante nesse sentido. Logo depois vem uma vasta lista de valores, que eu imagino, ajudam-me a encarar a vida Cristã com mais constância.

Assim, minha mente viaja por universos da minha consciência tentando entender algo que deveria, ao menos no conceito, ser muito simples de compreender: imitar a Jesus. Nisso podemos dizer que se resume a vida cristã (1 Co 11.1).

Infelizmente, precisaríamos de outro livro para ir adiante nesse assunto. No entanto existe algo simples que me leva a ter uma ideia de como possivelmente agradar muito a Deus, um elemento que ao fazer parte da minha vida dá-me uma boa referência sobre que tipo de pessoa Deus está interessado em ter prazer, e que por meio desse elemento nosso coração poderia ser guiado a expressar um verdadeiro louvor: a gratidão.

Há alguns anos eu estava participando de um congresso de adoração, dos tantos que participei ao longo da minha vida ministerial, buscando aprender e capacitar-me, e no qual ouvi o preletor, na ocasião o Pr. Adhemar de Campos, recitar uma frase que jamais esqueci e que tem sido um norteador para minha vida:

"Todo adorador é um eterno agradecido".

(Adhemar de Campos)

Eu nunca mais me esqueci disso. Tenho defendido que se existe um elemento – e não digo que não existam outros muito importantes –, especialmente indispensável no louvor a Deus e no culto cristão, esse elemento, para mim, é a gratidão.

Como eu poderia louvar a Deus sem ser grato pelo amor que Ele mostrou por mim? Como eu poderia cantar qualquer coisa sem ser grato a Deus por me permitir conhecê-Lo? Eu era cego e agora vejo; eu estava perdido e agora fui achado; eu estava condenado e agora tenho vida plena e abundante; eu estava morto e agora tenho vida eterna.

É quase impossível conceber a ideia de louvor a Deus sem a gratidão. Isso não quer dizer que devemos atrelar o elemento da gratidão a dádivas recebidas. A gratidão vai muito além disso. Ela começa na pessoa de Cristo, no próprio Deus. É, antes de tudo, simplesmente porque Ele é Deus e revelou-se a mim, um homem. É gratidão apenas pelo fato de quem Ele é e que pode, eventualmente, expressar-se em tudo o que Ele faz.

> "A gratidão é uma atitude
>
> espiritual que nos conecta com
>
> a bondade e a generosidade de Deus".
>
> (Henri Nouwen)

Uma das razões pela qual muitas pessoas vivem amarguradas é exatamente por não saberem expressar sua gratidão. Ser agradecido é indispensável para qualquer pessoa que queira agradar a Deus.

> "Deem graças em todas as circunstâncias, pois esta é a vontade de Deus para vocês em Cristo Jesus".
>
> (1 Ts 5.18)

O interessante é que a gratidão não é uma expressão passiva ou sem efeito. Ela atua quase sempre em resposta a algo que nos abençoa, ou, como citei anteriormente, a tudo de bom que experimentamos. Mas em sua carta aos Filipenses, Paulo leva-nos a perceber uma coisa bem sutil sobre a gratidão e que muda a perspectiva da palavra que, no contexto, aplica-se à frase: "[...] apresentem seus pedidos a Deus" (Fp 4. 6b). Ele orienta-nos a apresentar nossas petições não apenas por meio da oração e das súplicas, mas também pela gratidão.

Quando eu penso em ter gratidão, eu sempre imagino que devo receber a dádiva antes e, então, serei naturalmente grato. Porém aqui eu me vejo forçado a pensar que a gratidão não é só por tudo que Deus fez na minha vida, mas por tudo que Ele ainda fará e que eu nem imagino. Quando eu oro a Deus pedindo por algo, eu devo orar com fé, crendo que já recebi:

> *"E tudo o que pedirem em oração, se crerem, vocês receberão".*
>
> (Mt 21.22)

O segredo por trás de orar crendo que já recebemos é exatamente a gratidão. Expressar gratidão após receber um presente de um amigo é muito fácil, por mais que algumas vezes o presente não seja tão agradável e isso possa parecer um pouco forçado. Mas a verdadeira gratidão, que nasce de um desejo sincero de louvar a Deus pelo que Ele fez, faz e também pelo que Ele ainda não fez, mas que certamente você já contempla e é capaz de agradecer, ah..., essa gratidão pode mudar sua maneira de encarar todas as suas dúvidas e frustrações. Então seja grato por tudo. Até mesmo pelas lutas e derrotas. Ore, louve com gratidão em seu coração.

HINO DE LOUVOR: ALEGRIA NA ADVERSIDADE

Meu tributo

Letra e música: Andraé Crouch

Como agradecer a Jesus o que fez por mim?
Bênçãos sem medida vêm provar o seu amor sem fim.
Nem anjos podem expressar a minha eterna gratidão.
Tudo o que sou e o que vier a ser eu ofereço a Deus.
A Deus demos glória, a Deus demos glória,
a Deus demos glória pelas bênçãos sem fim.
Com seu sangue salvou-me, seu poder transformou-me.
A Deus demos glória pelas bênçãos sem fim.

(tradução para o português: James Frederick Spann e Jaubas Freitas de Alencar)

Nesse link será reproduzido um vídeo com a apresentação musical do arranjo de acordo com a partitura a seguir.

Meu Tributo

Letra e Música: Andraé Crouch

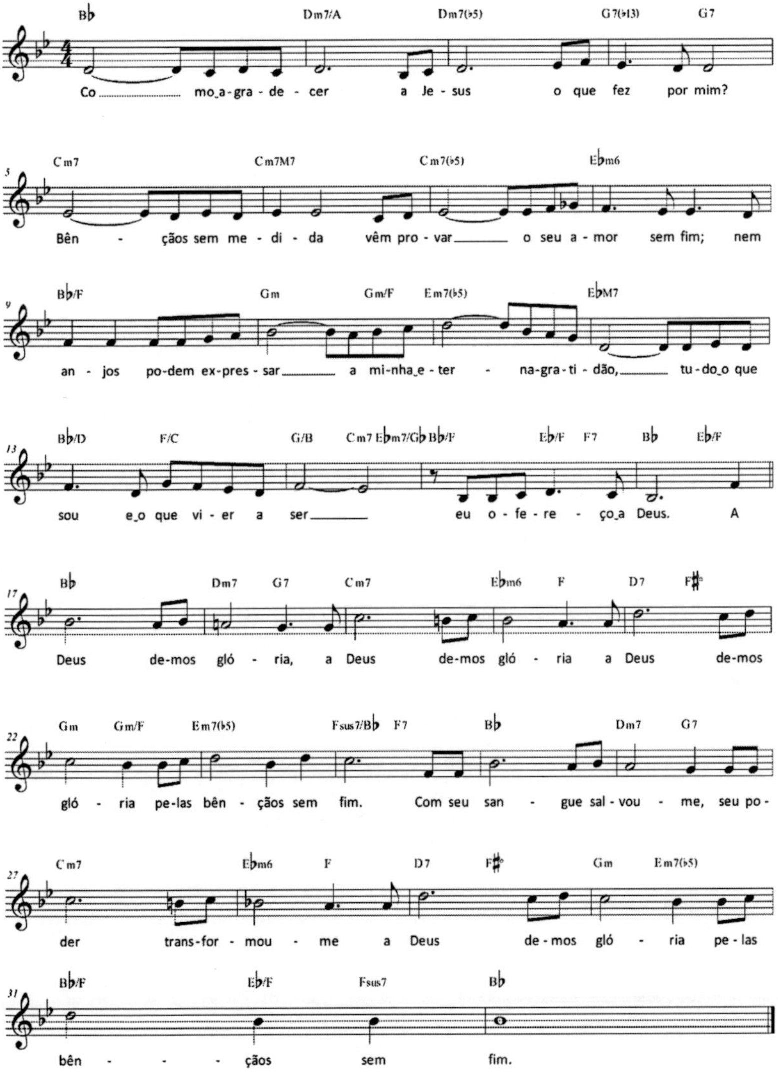

Dia 6

EXPERIMENTANDO A PAZ DE DEUS

"E a paz de Deus, que excede todo entendimento...".

(Fp 4.7a NVI)

Compreender a paz que excede o entendimento humano é quase quebrar as regras sobre tudo o que sabemos sobre as coisas que roubam nossa tranquilidade. Só que a paz da qual estamos falando não se trata de tranquilidade, é algo bem mais profundo e abrangente no sentido de realidade, mas que não se define pela racionalidade.

"Deixo a paz a vocês; a minha paz dou a vocês. Não a dou como o mundo a dá. Não se turbe o vosso coração nem tenham medo".

(Jo 14.27)

Jesus promete-nos uma paz que é diferente da paz que o mundo conhece, pois ela não depende da nossa capacidade de estar em condição natural de pacificidade. É possível gozar da paz de Deus em meio a grandes tribulações.

A paz de Jesus é aquela que nos permite dormir e descansar em meio a uma grande tempestade (Mateus 8.23-27). Isso só é possível se confiarmos que Ele está no barco e tem o controle de tudo. Jesus diz que a paz é dEle porque é impossível que alguém experimente essa paz sem receber dEle mesmo. Ou seja: você pode ter tudo certinho no lugar, todas as coisas estarem dando certo na sua vida e, ainda assim, não saber como é a paz de que estamos falando. Você pode não saber identificar os problemas, mas no fundo sabe que algo te deixa ansioso e inquieto. Bem, isso acontece quando ainda não experimentamos a paz sobrenatural que só é concedida por Jesus.

A ansiedade é algo que tem atingido em cheio a vida pós-moderna. Temos percebido a grande aflição que nos atinge pelas preocupações da vida; a depressão que vem logo em seguida e, enfim, a onda de sofrimentos que nos cortam a alma.

Em Mateus 6.25-34 Jesus fala-nos sobre as preocupações da vida. Ele mostra-nos que devemos nos esforçar para buscar o Reino de Deus e tentar não ficar ansiosos por tudo que precisamos – ou pensamos precisar. Estamos lidando aqui com a questão da confiança em Deus e a certeza de que Ele sabe de tudo que nos é indispensável e não nos deixará à deriva nesta vida.

Em sua obra *A teologia da esperança*, Jürgen Moltmann apresenta-nos a seguinte declaração:

> "A paz de Deus é uma dimensão da esperança cristã. É a confiança de que, mesmo em meio ao caos e à violência do mundo,
>
> Deus está trabalhando para trazer reconciliação e restauração".

(Jürgen Moltmann)

Ainda nesse sentido, o conselho de Paulo em relação às nossas preocupações é orar e apresentar tudo a Deus ao invés de ficarmos ansiosos. Ainda que venham ondas fortes e tempestades, Jesus está no barco; e ainda que Ele esteja "dormindo", mesmo que em sentido figurativo, pois Deus nunca dorme (Sl 121.4), mas nos permite o sono enquanto Ele age em nosso favor (Sl 127), precisamos entender que só o que nos é pedido é confiar que Ele tem o controle do barco e da tempestade e por isso não pereceremos.

Essa é a questão que envolve a paz de que estamos tratando aqui. Não é que a tempestade não virá em algum momento ou que eu nunca ficarei apavorado com alguma coisa na minha vida. É simplesmente a certeza de que sempre que isso acontecer eu posso confiar e descansar em Deus. E sempre que eu deixo de crer nisso, estou agindo com desconfiança e pecando contra Ele.

Quando eu escolho ficar ansioso e viver mergulhado na dor das preocupações é como se eu estivesse dizendo para Deus que não confio na direção que Ele está dando para o barco da minha vida. Quantas vezes já não "saltamos" desesperados do barco por não termos paciência para aguardar a ação de Deus? Por isso é uma paz que excede o entendimento, pois o ser humano praticamente não sabe confiar em ninguém. É como ir ao banco para descontar um cheque que você acredita que vai receber, mas no fundo sabe que existe a possibilidade de isso não acontecer.

É natural que nosso jeito de confiar venha sempre acompanhado de uma pontinha de desconfiança quando se trata de lidar com o ser humano e com as coisas naturais. Porém, se queremos experimentar a paz de Deus, temos que aprender a viver firmados em uma confiança plena. Uma paz incomparável, que não sabemos explicar, só pode ser possível mediante uma confiança sobrenatural.

Exatamente agora você pode estar sendo jogado de um lado para o outro em meio a diversas preocupações. Antes de decidir pular, saiba que Jesus está presente. Ele está atento e vai agir na hora certa. Confie, descanse e deixe que a paz de Cristo repouse sobre você.

Doce paz

Letra e música: Rev. W. G. Cooper

Bem no fundo da minha alma
há uma calma sem par,
que se espalha tomando o meu ser;
É uma paz infinita
que só poderão os amados
de Deus compreender

Paz! Paz! Quão doce paz;
é aquela que o Pai me dá

Eu lhe peço que inundes
pra sempre o meu ser
com suas ondas de amor celestial.

Nesse link será reproduzido um vídeo com a apresentação musical do arranjo de acordo com a partitura a seguir.

Dia 7

O SELO SOBRE O CORAÇÃO

*"[...] guardará o coração e a mente
de vocês em Cristo Jesus".*

(Fp 4.7b NVI)

Houve um tempo em que quando alguém enviava uma carta, protegia o conteúdo dela com um selo, que não podia ser violado exceto pelo destinatário. Ao mesmo tempo, o selo mantinha a autenticidade da carta e preservava o seu conteúdo, ou seja, a mensagem em si também era uma proteção.

Paulo escolheu um termo grego militar (*froureo*) para dizer que a paz que Cristo nos dá protege o nosso coração e a nossa mente. Isso significa que a paz de Deus é, antes de tudo, uma defesa. Ela age como uma sentinela pronta para atuar em situações de perigo; nesse caso, a ansiedade e as preocupações de que falamos anteriormente servem de exemplo.

Ela não só nos permite experimentar algo que está além da nossa capacidade de elaborar soluções baseados no nosso conhecimento e ideias como também nos protege da nossa falta de fé e desconfiança, que geralmente trazem com elas ansiedade e preocupação constantes.

O sentido é que a paz de Deus protege o nosso coração e a nossa mente como um guarda protege a sua cidade. Hoje, o conceito de guarda como protetor está um pouco defasado, mas no contexto de Paulo era muito normal que houvesse um guarda ou sentinela para proteger a cidade dos perigos de invasão e assaltos.

Todos os dias precisamos colocar o nosso coração e a nossa mente sob os cuidados de Deus, não permitindo que a ansiedade e o desespero por soluções imediatistas rondem-nos e façam-nos agir precipitadamente. Nós vivemos uma guerra constante contra tudo que nos afasta de Deus e contra as nossas próprias escolhas erradas, fundamentadas em conceitos distorcidos e de uma realidade subjetiva, distante de Deus e mundana.

Na maioria das vezes isso acontece porque permitimos que o nosso coração seja sondado por incertezas e a nossa mente seja violada por ideias duvidosas. Não dê vazão aos desvios que permeiam o pensamento humano. No reino de Deus caminhamos pela fé e vivemos pelo Espírito (Hb 10.38; Gl 5.25). Logo, precisamos dedicar a nossa vida por inteiro ao Senhor ao qual declaramos o nosso amor.

> *"Põe-me como selo sobre o teu coração, como selo sobre o teu braço [...]"*.
>
> (Ct 8.6a)

Eu estou usando os exemplos do selo em contraste à questão da sentinela porque acredito que faz sentido pensar no selo como proteção, mas quero insistir no ponto em que ele é como o carimbo que dá autenticidade ou veracidade a alguma coisa. Quero dizer que precisamos da proteção em nossa mente e em nosso coração dos possíveis ataques que nos fazem duvidar da nossa identidade.

Paulo faz uma advertência aos crentes de Corinto sobre isso: "[...] o que receio, e quero evitar [...] [...] a mente de vocês seja corrompida e se desvie da sua sincera e pura devoção a Cristo [...]" (2 Coríntios 11.3).

Colocar o Senhor como selo sobre o meu coração significa dizer que eu pertenço somente a Ele e a Ele eu dedico todo o meu amor. Só a Ele é a minha devoção e a Ele consagro toda a minha vida.

Lembro-me de Apocalipse 6, em que onde só o Cordeiro foi proclamado digno de desatar os selos e abrir o livro (Ap. 5 -7). Isso me ensina que somente o Cordeiro é digno de acessar completamente os segredos do meu coração a ponto de desatar todos os mistérios. Qualquer outra pessoa, inclusive eu mesmo, terei acesso limitado. Somente o Cordeiro pode desatar os selos, abrir o livro, e somente Ele pode ler o que está escrito.

Esses valores são invioláveis e inegociáveis. Essa é a nossa identidade. Agora, voltemos para Cantares. O mesmo selo que é descrito em Cantares 8.6 é apontado em Êxodo 28.36, para ser gravado no diadema e usado na testa dos sacerdotes que eram separados para servir ao Senhor, com a seguinte frase: "Consagrado ao Senhor".

Não permita que as frustrações e as incertezas desta vida gerem dúvidas quanto ao seu chamado ou de quem você é em Cristo. Proteja o seu coração dos medos e das amarguras, não permitindo que elas quebrem o selo do Senhor sobre o seu coração.

As angústias estão sempre prontas para violar a nossa paz, tirar as defesas da nossa mente e desviar o nosso coração da verdade. Ainda assim, o Senhor está sempre disponível para dar-nos forças para confiar e repousarmos em Sua paz, selando o nosso coração e a nossa mente, protegendo-nos de toda a ansiedade e de o todo medo que possam desviar-nos de uma vida dedicada e consagrada ao Senhor.

HINO DE LOUVOR: ALEGRIA NA ADVERSIDADE

Vida e comunhão

Letra e música: Dayvid Damázio

Vida e comunhão, paz perfeita, devoção
na presença do Senhor
pela graça e misericórdia
santidade e amor, quebrantados, pela fé,
adoramos ao Senhor
A Jesus o Salvador.

Pelo Espírito Santo que nos guia à verdade
para perdoar, viver em paz
para a glória do Senhor.

Busquemos a paz
essa paz real que só Jesus nos pode dar
essa paz que só nEle conhecemos
Perdoados por Jesus.
andando sempre em sua luz
Um só corpo em Jesus
Por misericórdia e graça do Senhor.

Nesse link será reproduzido um vídeo com a apresentação musical do arranjo de acordo com a partitura a seguir.

CONCLUSÃO

Somente o Espírito Santo pode dar-nos a alegria indestrutível capaz de florescer mesmo nos momentos mais difíceis de nossas vidas. Em meio à aflição e ao sofrimento, Cristo suportou a cruz com a alegria de quem presta um culto a Deus, com gratidão por oferecer sua vida para servir ao propósito que o Pai lhe confiou, e o fez com excelência, dando tudo o que tinha. Isso só é alcançado quando aprendemos esses pequenos passos e lições diárias que fortalecem a nossa fé e encorajam-nos a crer e prosseguir:

1 - A alegria vem do Senhor. Nada pode tirá-la! Mesmo que não haja razão natural para alegrar-se há, sobretudo, o agir sobrenatural de Deus, pelo qual podemos experimentar uma alegria infinita.

2 - A sabedoria de ser moderado e amável permite-nos relacionamentos curados e enriquecedores. Cada momento e cada situação que agirmos com mais sabedoria ensinam-nos e, ao mesmo tempo, proporcionam-nos educar, refletindo o caráter de Cristo e cultivando em nossos relacionamentos os frutos do Espírito. As pessoas mais parecidas com Jesus são as pessoas mais agradáveis que alguém pode conhecer.

3 - A certeza de que nunca estaremos sozinhos é reconfortante e deve ser sempre o nosso baluarte. Deus nunca nos deixa só e precisamos caminhar, dia após dia, debaixo dessa confiança.

4 - Desenvolva uma caminhada de oração que permita conhecer a voz do Pai com intimidade; faça-o com humildade e seja persistente. Um filho conhece a voz do seu pai, assim como a ovelha conhece a voz do seu pastor. O maior problema do mundo pós-moderno é a confusão de vozes, que gritam incessantemente por meio das redes sociais e pela internet em seus diversos canais. Vozes invasoras da nossa privacidade e que confundem nosso pensamento e deturpam a nossa fé, não nos permitindo seguir a voz de Deus, mas nos desorientando das direções que Ele nos deixou em Sua Palavra.

5 - O Pai alegra-Se ao ver-nos expressar a nossa gratidão. Seja grato tanto ao orar quanto ao suplicar. Louvar a Deus é exprimir toda gratidão por tudo que Ele é e por tudo que Ele fez, faz e ainda fará. A oração pode conter, sim, louvor e gratidão. É possível ser grato mesmo quando suplicamos.

6 - Ao combinarmos a alegria, a amabilidade, a confiança de que o Senhor está conosco, a oração sincera e um coração agradecido, somos inundados com uma paz protetora. A paz de Deus é escudo, é renovo e refrigério para a alma de quem busca no Senhor o descanso. Podemos descansar e deixar todo fardo pesado das incertezas, dos dramas e das tribulações desse tempo aos pés do Senhor, e tomar o Seu fardo leve e suave para prosseguirmos até que Ele venha.

7 - A paz que vem de Deus sela o nosso coração, não permitindo que ele seja violado pelas frustrações e pelas decepções do presente. Portanto encare a realidade mais brutal com a força que só pode vir do Senhor para aqueles que confiam nEle. A paz de Deus fortalece-nos e encoraja-nos.

Meu desejo é que essas lições simples possam ter tocado o seu coração e, em seguida, ajudem-no a mudar a maneira de encarar seus desafios pessoais. Isso não tem nada a ver com autoajuda.

Meu convite é para que você, caro leitor, decida encarar cada dificuldade pelo prisma da fé; com alegria e gratidão em toda e qualquer situação. É simples assim. A partir deste momento, que essa alegria traga-lhe motivação para dar um passo em direção ao cumprimento do propósito de Deus em sua vida.

Que vivamos, enfim, para o louvor de Sua glória.

REFERÊNCIAS

BÍBLIA SHEDD. Editor responsável: Russel P. Shedd. Tradução de João Ferreira de Almeida. 2. ed. São Paulo: Vida Nova; Brasília: Sociedade Bíblica do Brasil, 1997.

BÍBLIA VIDA NOVA. Editor responsável: Russel P. Shedd. Tradução de João Ferreira de Almeida. 6. ed. São Paulo: Edições Vida Nova, 1984.

BÍBLIA. Bíblia do ministro edição com concordância. Nova Versão Internacional. Traduzida pela Comissão de Tradução da Sociedade Bíblica Internacional. São Paulo: Vida, 2002.

BONHOEFFER, Dietrich, Discipulado. Tradução de Murilo Jardelino e Clélia Barqueta. 1. ed. São Paulo: Mundo Cristão, 2016.

COMENTÁRIO BÍBLICO BROADMAN. Novo Testamento. Tradução de Adiel Almeida de Oliveira e Israel Belo de Azevedo. v. 11. Rio de Janeiro: Juerp, 1983.

COZENDEY, L. *Emanuel*: Deus dentro do barro. 1. ed. Rio de Janeiro: [s. n.], 2020.

FOSTER, R. J. *Oração*: o refúgio da alma. São Paulo: Editora Vida, 2008.

KELLER, T. *A fé na era do ceticismo*. São Paulo: Vida Nova, 2015.

LEWIS, C. S. *Cristianismo puro e simples*. Tradução de Gabriele Greggersen. 1. ed. Rio de Janeiro: Thomas Nelson Brasil, 2017.

MOLTMANN, J. *Teologia da esperança*: estudos sobre os fundamentos e as consequências de uma escatologia cristã. Tradução de Helmuth Alfredo Simon. 3. ed. rev. e atual. São Paulo: Teológica; Edições Loyola, 2005.

PHILLIPS, J. B. *Cartas para hoje*. Tradução de Márcio Loureiro Redondo. São Paulo: Vida Nova, 1994.